STOP

L'AUTO école

1. PERMIS D'ÉCONDUIRE

Dessins
André Amouriq
Scénario
Christophe Cazenove
Couleurs
Alexandre Amouriq

BAMBOO
ÉDITION

Merci Henri…

www.bamboo.fr

116, rue des Jonchères - BP 3
71012 CHARNAY-lès-MACON cedex
tél. 03 85 34 99 09 - fax 03 85 34 47 55
Site Web : www.bamboo.fr
E-mail : bamboo@bamboo.fr

PREMIÈRE ÉDITION
Dépôt légal : octobre 2004
ISBN 2-915309-57-4

Imprimé en France en septembre 2004
Printed in France by PPO Graphic, 93500 Pantin

Semaine du 8 au 15
Lun Mar Mer Jeu Ven Sam
Voyons cet après-midi... Hé! Hé! Trois heures de leçon avec mademoiselle Claire!
Un brin de toilette, et je file la prendre à son lycée.
Toilett
POM POM DA DI DA DOO
Pouss Mouss
PLOM PLOM
Hin Hin
M'sieur Gérard... Téléphone!
Pas le temps!
Code
Attendez!! Y'a un changement dans le...
AUTO-ECOLE
Snif Snif

Passez la première et relâchez doucement la pédale d'embrayage...
Vroup Vroup Pout
Shop
Bien...
Prenez la première à droite!
Ensuite encore à droite...
AUTO ECOLE
Au rond-point, à gauche.
Nostra
Garez-vous devant le vidéoclub. Il y a une place.
Vous auriez pu vous arrêter plus près du trottoir! Galopin!?
Hin! Hin! Voilà madame... Et passez une bonne journée...
Super Mamie
Inutile d'accélérer, on s'arrête juste là!
?
VOLVEAU
Vous allez où?
À la gare.
Ok! Montez!
AUTO-ECOLE
Taxis
TAXI
Quoi!?... Vous savez ce que ça gagne, un moniteur d'auto-école ?!!
AUTO-ECOLE
Deuxième à gauche...

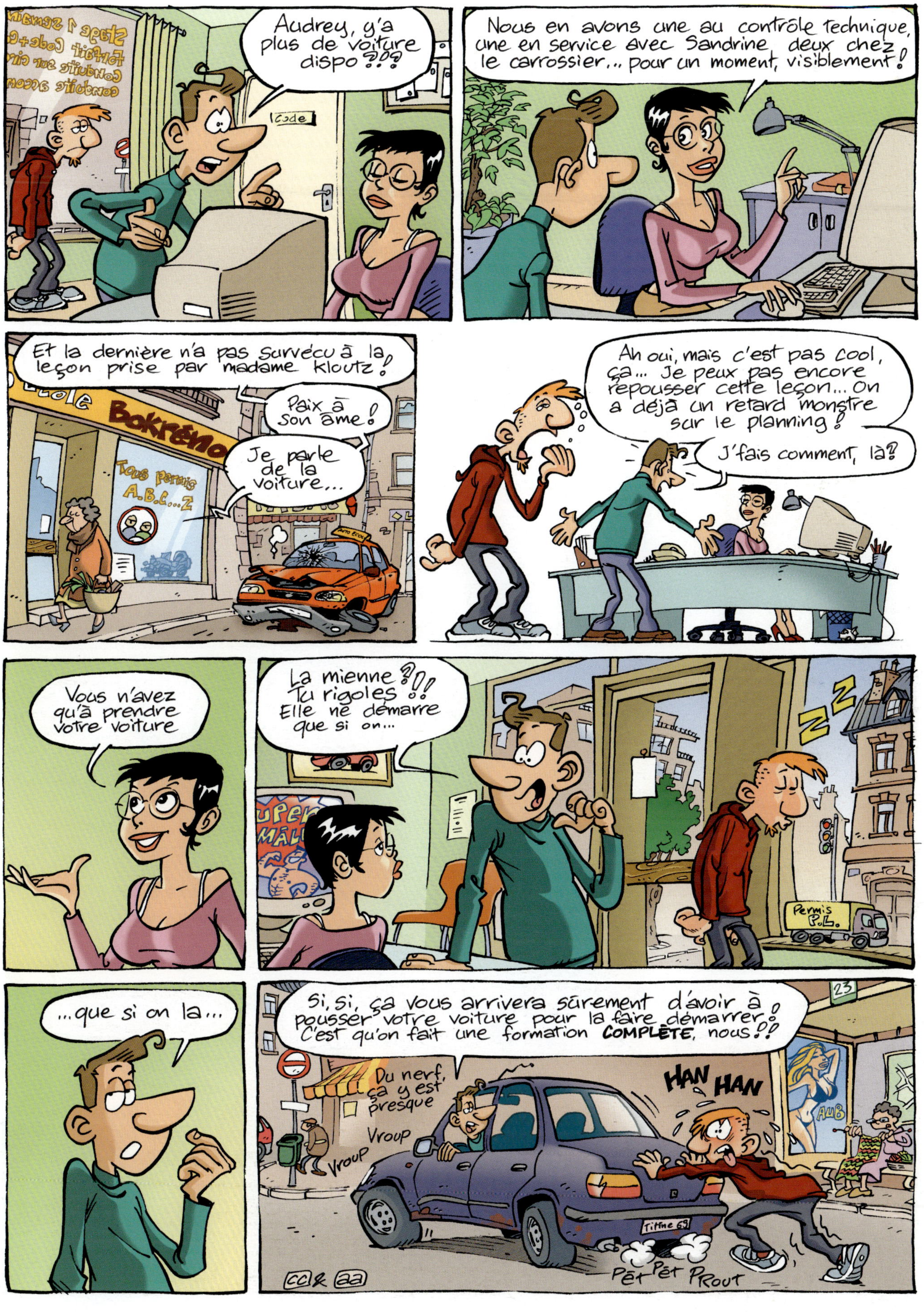
Audrey, y'a plus de voiture dispo ?!?
Code
Nous en avons une au contrôle technique, une en service avec Sandrine, deux chez le carrossier... pour un moment, visiblement !
Et la dernière n'a pas survécu à la leçon prise par madame Kloutz !
Paix à son âme !
Je parle de la voiture...
Bokréno
Tous permis A.B.C...Z
Ah oui, mais c'est pas cool, ça... Je peux pas encore repousser cette leçon... On a déjà un retard monstre sur le planning !
J'fais comment, là ?
Vous n'avez qu'à prendre votre voiture
La mienne ?!! Tu rigoles ?!! Elle ne démarre que si on...
Permis P.L.
...que si on la...
Si, si, ça vous arrivera sûrement d'avoir à pousser votre voiture pour la faire démarrer ! C'est qu'on fait une formation COMPLÈTE, nous !!
Du nerf, ça y est presque
HAN HAN
Vroup Vroup
Pêt Pêt Prout
Titine 69
cc & aa

HARIBA HARIBA!!
HARIBO
Souvenirs du marché aux touristes de Puerta Verda!
Tchica Tchic
AYE AYE AYE
VIVA MEXICO
Alcool de jus de cactus!! C'est tellement costaud, que la bouteille est toujours chaude...
Ta veux toucher, Sandrine??
Non merci!
Moi... un doigt
Ça avait l'air chouette...
Des vacances géniales!! Durant 2 semaines, oublié le boulot... Oublié l'auto-école...
Tout oublié!
On leur montre les photos?
Oh ouiii!!
Les photos Les photos Les photos Les photos Les photos Les photos
OK!OK! En route pour 316 clichés de Total dépaysement!!
Vous l'aurez voulu
hu hu
Tout le monde est bien installé?
Lumière!
Ici, quand nous avons quitté l'aéroport, vous remarquerez le feu clignotant et la priorité à droite.
Diapo suivante...
Total dépaysement! Tu parles!!
Snif
Prioridad
Clic

Simula TOR
Le tout dernier modèle de simulateur de conduite !
Un monstre
Une bête
Une fortune !
Ça vous simule une conduite par temps de pluie comme si vous y étiez !
flatch froush
Visibilité réduite... aquaplaning...
godom godom godom
escargots sur la route
Convaincant, non ?
On peut aussi le régler sur verglas
Clac clac clac clac clac
...Ou, encore, sur insoutenable canicule !
Soif
BLANG
Ah ! Ça se détraque ?!
Pas du tout !
Simula TOR
CLONK
SBAF
Ça simule aussi le refus de priorité à un automobiliste plus costaud que soi !!

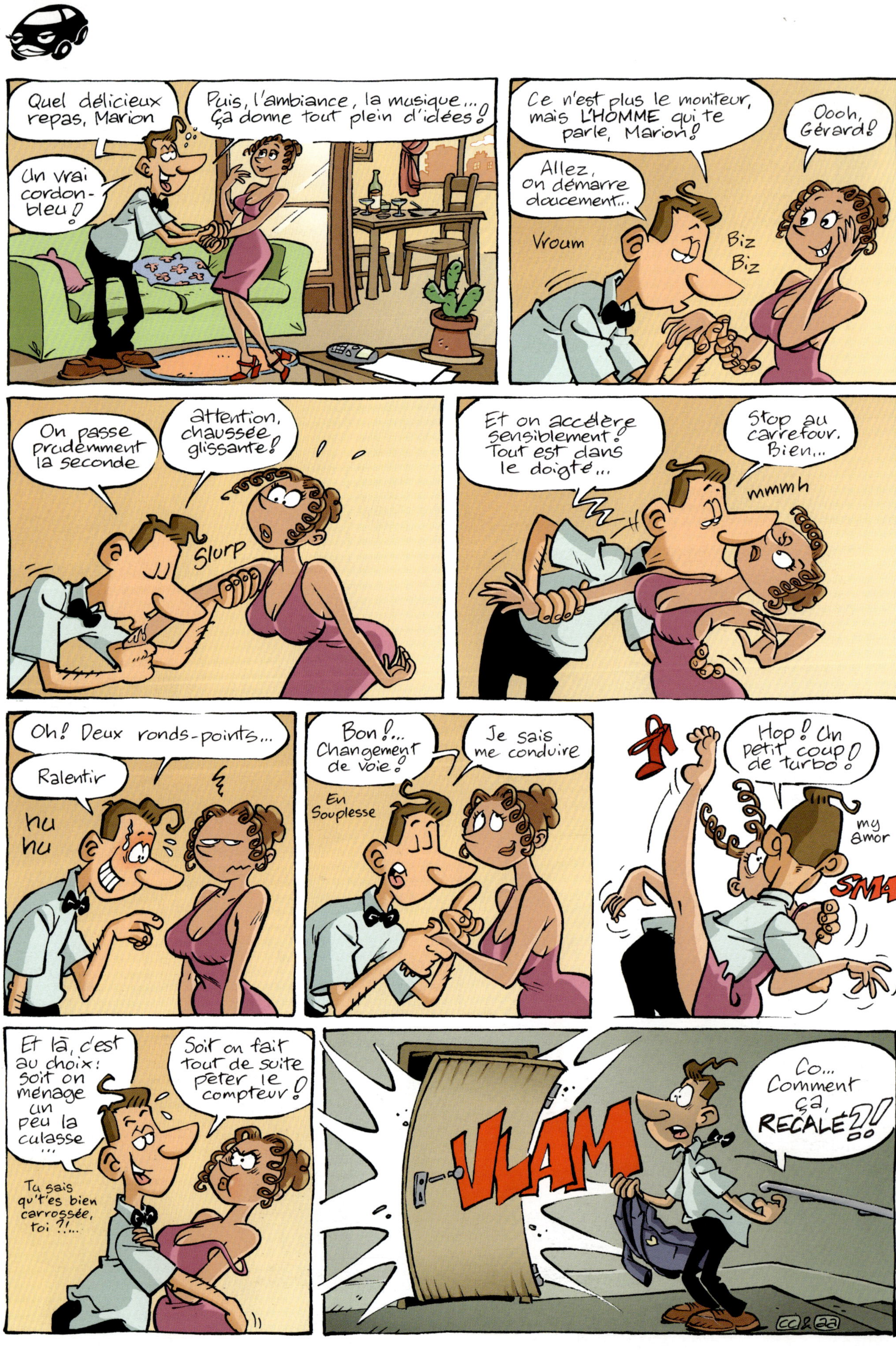
Quel délicieux repas, Marion
Un vrai cordon-bleu !
Puis, l'ambiance, la musique... ça donne tout plein d'idées !
Ce n'est plus le moniteur, mais L'HOMME qui te parle, Marion !
Allez, on démarre doucement...
Vroum
Biz Biz
Oooh, Gérard !
On passe prudemment la seconde
attention, chaussée glissante !
Slurp
Et on accélère sensiblement ! Tout est dans le doigté...
Stop au carrefour. Bien...
mmmh
Oh ! Deux ronds-points...
Ralentir
hu hu
Bon !... Changement de voie !
En Souplesse
Je sais me conduire
Hop ! Un petit coup de turbo !
my amor
SMAK
Et là, c'est au choix : soit on ménage un peu la culasse...
Tu sais qu't'es bien carrossée, toi ?!...
Soit on fait tout de suite péter le compteur !
VLAM
Co... Comment ça, RECALÉ ?!

On reprend: je vois un agent de police sur la chaussée...
Auto-Ecole
S'il lève le bras, je m'arrête
Compris?
Auto-Ecole
Si je le vois de face ou de dos, je m'arrête!
Pareil...
Auto-Ecole
Et s'il balance le bras de haut en bas, je ralentis
Va?
Auto-Ecole
Mais s'il est de profil...
Je passe!
C'est tout!!
Auto-Ecole
Pas de question?
Auto-Ecole
Et quand il bouge dans tous les sens, ça veut dire quoi?
Auto-Ecole
CC 13
CC&aa

Puf Puf Puf
PHARMACIE
?
Puf Puf Puf Puf
Cédez le passage
Les Profs
Puf Puf
Toc Toc
Puf Puf
Puf
Puf
Puf Puf
Voilà... J'ai tout fait!!
Le tour du rond-point, tout ça...
Priorité et tout...
nickel!!
Puf Puf
BNB
Oh mais j'y pense... vous auriez peut-être préféré que je le fasse en voiture?
Auto Ecole
non?
BOF 69
cc & aa

Ce sera plus clair comme ceci...
Lors d'une priorité à droite classique, vous laissez le passage aux véhicules venant de... droite !
Paris
C'est tout bête...
S'il y a un "Cédez le passage", vous devez la priorité aux usagers de gauche et de droite...
Hop Là !
Mais, sur une route prioritaire, vous passez et c'est aux autres de s'arrêter !
VROOOM !
Voilà ! C'est tout OK !!
?
Hop
Pas compliqué
fini
Je reviens tout de suite
2004
SUPER CIRCUIT
Voilà Voilà Voilà
Dites ! La prochaine fois, vous apporterez vos propres jouets !
Si ça vous fait rien !...
Beuhhh !
Mamaaan !!
SUPER CIRCUIT
CC & aa

D 69
Holà
hmm
Bière Rôôt
Pêt Pêt Pêt
hmm
Brout Brout
Attends, tu es trop près du volant, là !
Attention !
Auto Ecole
OOoh ! Doucement !
Lààà... C'est mieux !
Auto Ecole
HOULÀ !
Quelle fougue !
VROOP
Auto Ecole
Hmmm... t'avais raison, Gérard...
C'est génial, de faire ça en roulant !
cc & aa

Auto-Ecole Bokrano
Stage 1 semaine forfait Code + Conduite
CADO
Toi, t'en as marre de passer tes week-ends toute seule! Pas vrai ?
?
Dis donc, audrey...
Code
OK?
Faudra que tu me fasses penser à te présenter un pote à moi... Un célibataire, lui aussi!
OK? t'y penses?
?
CLIC
Si tu es désespérée à ce point, ma belle, je pourrais peut-être faire l'affaire...
Ça te botte, une nuit de folie?
!
baby
Alors, Audrey?...
La chasse au mâle est ouverte?
?!!
Et d'abord... Qu'est-ce qui vous fait croire que je me cherche un mec?!!...
Hein? D'abord!!
Non mais
90
60
90
CC & aa

La fatigue multiplie par 4 les risques d'accident
Les causes de la fatigue sont liées à un mauvais état physiologique du conducteur...
Manque de repos, soucis, stress, émotions fortes...
Voire un simple rhume !
Méfiez-vous également des trajets habituels ou monotones...
ainsi que des véhicules en mauvais état !
épave
poubelle
veau
Les signes de fatigue sont : bâillements, picotement des yeux, crampes...
maux de tête, agressivité, courbatures,
nervosité, impatience...
Gaz
Quant aux effets, ils se traduisent par une réduction de l'acuité visuelle...
une perte de concentration grave...
Mais, aussi, par de la somnolence... Voire de l'endormissement !
ZZZZ
RR
Il explique bien...
Ouais... Trop peut-être...

LUNDI
C'est sûr que, si y s'arrête à l'orange...
Auto Ecole
MARDI
Ben, la direction, elle est pas franchement assistée...
Auto Ecole
BOUHOOUUU
BOM BOM BOM BOM
BIM
MERCREDI.
Sont pas au top, les freins...
Cedez le Passage
JEUDI
Vous allez rire... J'ai encore confondu le frein avec l'accélérateur!
GENDARMERIE NATIONALE
Une voiture par jour qu'il me bousille, votre fou furieux!!
À partir de tout de suite, il prendra toutes ses leçons de conduite dans le simulateur!
On.. on y va, Mr Bokréno
Simula-TER
Et maintenant, vous relâchez l'embrayage! Doouu-cee-meent...
40
Hé ben dites donc... Quelle camelote, votre machin!
FSHiii
CC & AA

Auto-Ecole Bokréno
Et vous dites que ces gars-là travaillent pour notre ministre ??
Il s'agit d'un simple perfectionnement !
Conduite accompagnée
Auto Moto Bateau PL
Tous Permis
Auto-Ecole
Absolument !... C'est dire l'attention que vous devrez apporter à cette tâche !
Ce sera tout bon pour notre image
Clientèle
Standing
tarifs
Je m'en occupe, mr Bokréno ! Vous pouvez compter sur moi.
Ben oui... z'avez intérêt...
Sinon Vlan !
Vlan
Messieurs, si vous voulez prendre place...
Auto Moto Bateau P.L. Trottinet
Tous Permis
CLAP
C'est parti ! Vous me suivez ?
En plus, c'est peinard, comme boulot...
auto-Ecole

Ne vous dérangez pas pour nous... On passe juste prendre de la doc sur les stages de remise à niveau...

Ce déjeuner était diiiii-vin, Gérard!
Au Petit Doigt en l'air
Oui... C'est un p'tit resto sympa... mais qui a de la classe!
Tenez, mon brave...
Et c'est vous qui êtes divine, Jennifer...
Oh Gérard...
Vous avez la classe
Lèch
Lèch
Ce soir, laissez-moi vous enlever pour une promenade romantique!
Oh oui, Gérard, enlevez-moi...
Je passerai vous prendre à 18h.
Tout
S'il est ponctuel, il ne devrait plus tarder...
Biiip Biip
Aah! Le voilà...
KLANG
Plonk Plonk
Quoââ, Jenny chérie... Une voiture avec chauffeur, c'est pas la **grande classe**?!
Vous me referez ce créneau, mon p'tit Édouard...
Auto-Ecole
Brout Brout

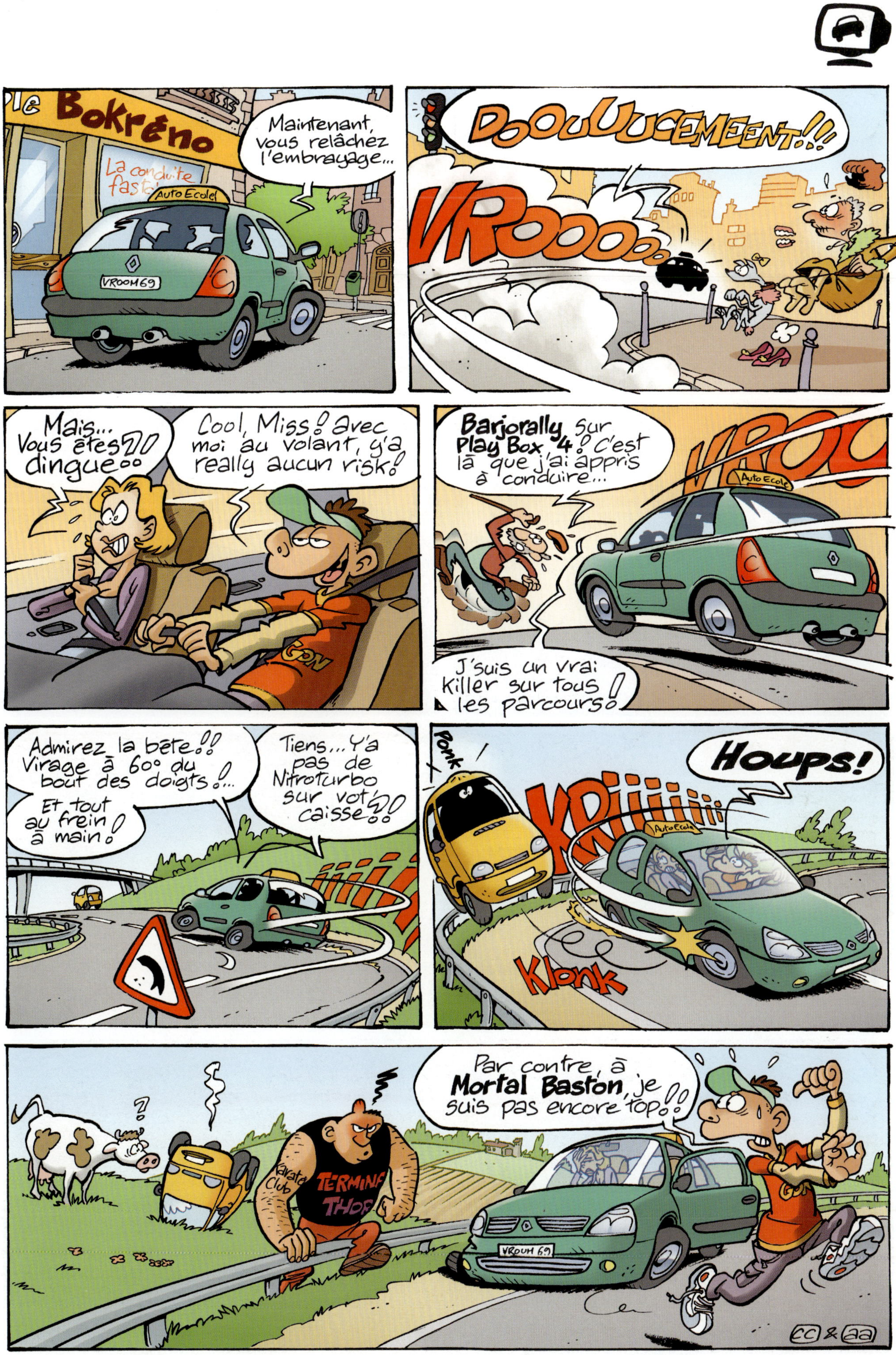

Bokréno
La conduite fast!
Auto Ecole!
Maintenant, vous relâchez l'embrayage...
VROOM 69
DOOUUUUCEMEEENT!!!
VROOOOO...
Mais... Vous êtes dingue??
Cool, Miss! Avec moi au volant, y'a really aucun risk!
Barjorally sur Play Box 4! C'est là que j'ai appris à conduire...
VROO
J'suis un vrai killer sur tous les parcours!
Admirez la bête!! Virage à 60° du bout des doigts!...
Et tout au frein à main!
Tiens... Y'a pas de Nitroturbo sur vot' caisse??
Pomk
Houps!
KRiiiiiii
Klonk
Par contre, à Mortal Baston, je suis pas encore top!!
Karaté Club
TERMINA THOR
VROUM 69
CC & AA

Lors d'un virage, le véhicule est soumis à la poussée de la Force centrifuge qui l'entraîne vers l'extérieur de la courbe!
Donc, pour bien prendre un virage, vous devez ralentir avant de l'aborder!!
Adapter votre vitesse à la difficulté de la courbe...
Et, surtout, regarder le plus loin possible!
Alors?... Vous avez bien compris le principe de la force centrifuge?
V... voui...
Maintenant, on va revoir la technique du virage...
30

Wow ! Quelle ambiance ! Vous fêtez la dernière augmentation de carburant ?
CODE
T'es trop nouvelle, toi ! Tu peux pas comprendre...
C'est aujourd'hui que Mme Kloutz passe son permis !!
DRIIII
Autoécolebokréno j'écooooute !!
C'était Mme Kloutz...
Elle a échoué !
CLOK
OUAAAAAAIIIIIIS !
12 fois qu'elle rate son permis !... Et à chaque fois elle se réinscrit chez nous !!
Ce coup-ci, on va enfin pouvoir changer la déco de l'accueil !
Alléluia
À son dernier échec, on s'était offert le distributeur de boissons fraîches !
BOISSONS

Zarma ! C'est pas de la bécane de pignolo !
Tu l'as dit ! Avec une bête comme ça, t'attires que de la meuf 1er choix...
Auto Ecole Bokréno
KAWA
BiG TWIN
Dès que j'ai mon permis, je m'en dégote une dans le genre pour décorer l'arrière.
Elle, collée contre moi, frémissante, sa mini remontée sur ses cuisses, pour bien faire baver les loosers !
Sa bouche collée à mon oreille, me susurrant des mots d'amour...
Vrom Vrom
Vroom
Je serais prêt à rouler des heures comme ça !
Les gaz au taquet
Tu sais quoi ?!! Tu m'as donné envie ! Faut que je fasse reparer ma mob !
Paf
Mr Gascon ?
Bom Bom Bom
Roberta Kelgro ! Votre formatrice moto !... Prêt pour votre première leçon ?
P... prêt !... Ça se passe comment ? Vous me suivez en auto et on communique par radio ? C'est ça ?
D'ordinaire, oui !... Mais tous nos micros sont HS
Comment on fait alors ??
Pas si vite !
'tention au feu rouge !!
Restez concentré !
Regardez la route !
Ça l'fait moins, déjà...
cc & aa

Restez bien droit !
Pas trop vite
Regardez la route !
Yamonda
Zut ! Le feu ! Je vais le perdre...
Clic
BAMBOO
GAAAZ
Yamonda
BONG
WOOOO
WOOOOO
SKRIIIIII
YEEPE
YOOHOOOO
Yamonda
Ah vous voilà ! Je croyais vous avoir perdu !
Pas si vite
Serrez à droite
Restez concentré
Au prochain feu, j'fais péter le chrono !
Yamonda

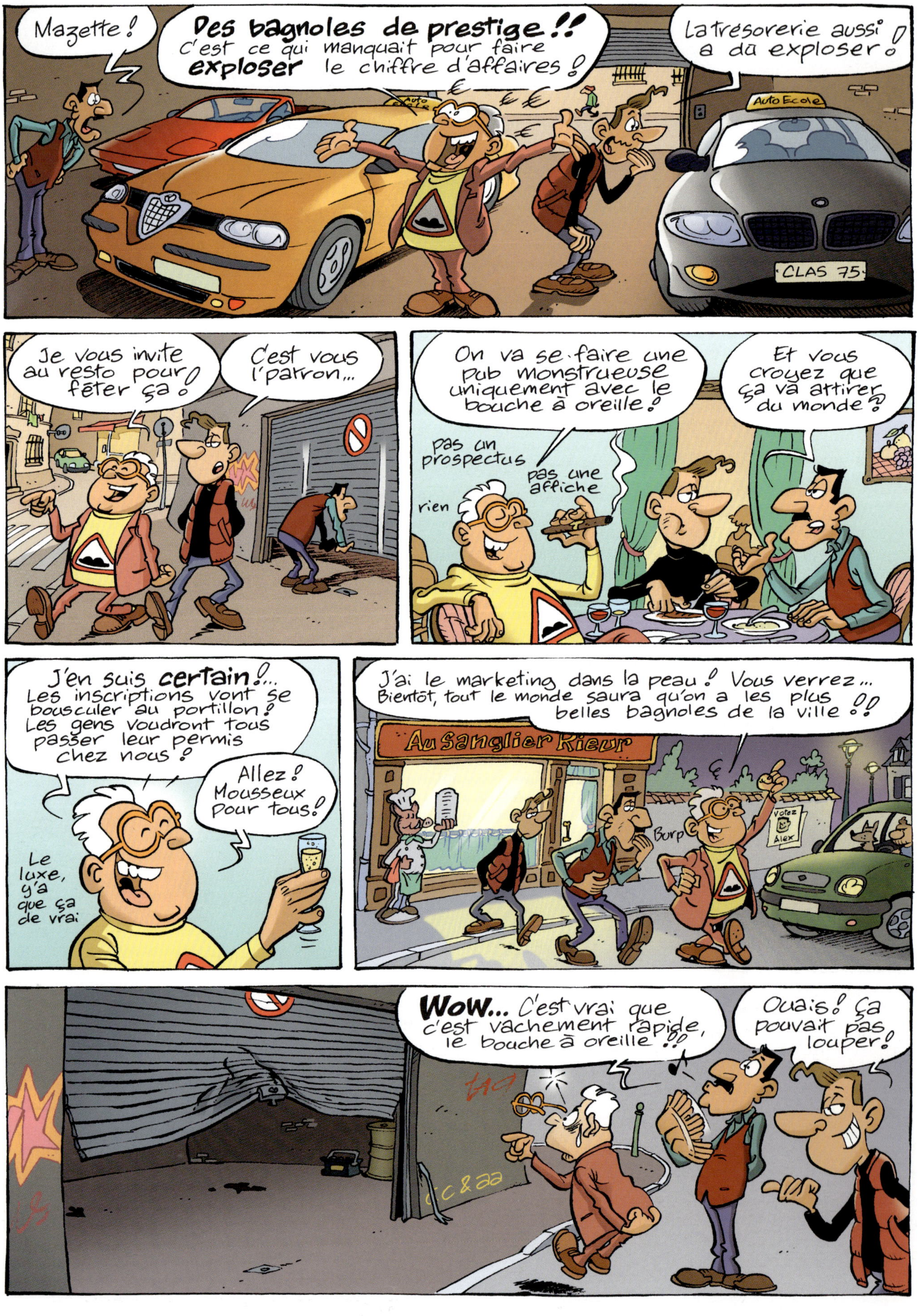

Mazette !
Des bagnoles de prestige !! C'est ce qui manquait pour faire exploser le chiffre d'affaires !
La trésorerie aussi a dû exploser !
Auto Ecole
CLAS 75
Je vous invite au resto pour fêter ça !
C'est vous l'patron...
On va se faire une pub monstrueuse uniquement avec le bouche à oreille !
pas un prospectus
pas une affiche
rien
Et vous croyez que ça va attirer du monde ?
J'en suis certain !... Les inscriptions vont se bousculer au portillon ! Les gens voudront tous passer leur permis chez nous !
Allez ! Mousseux pour tous !
Le luxe, y'a que ça de vrai
J'ai le marketing dans la peau ! Vous verrez... Bientôt, tout le monde saura qu'on a les plus belles bagnoles de la ville !!
Au Sanglier Rieur
Burp
Votez Alex
Wow... C'est vrai que c'est vachement rapide, le bouche à oreille !!
Ouais ! Ça pouvait pas louper !

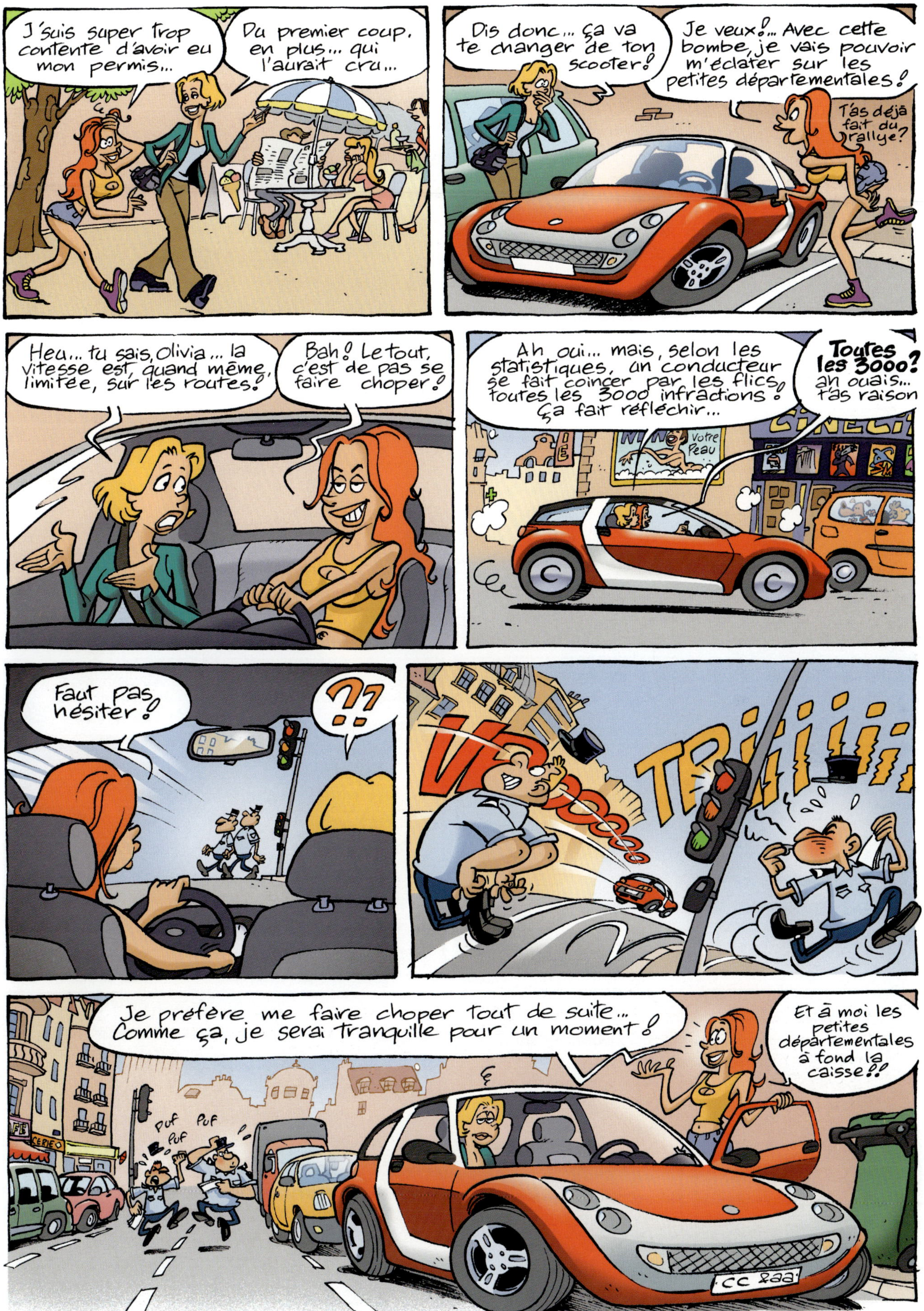

J'suis super trop contente d'avoir eu mon permis...
Du premier coup, en plus... qui l'aurait cru...
Dis donc... ça va te changer de ton scooter!
Je veux!... Avec cette bombe, je vais pouvoir m'éclater sur les petites départementales!
T'as déjà fait du rallye?
Heu... tu sais, Olivia... la vitesse est, quand même, limitée, sur les routes!
Bah! Le tout, c'est de pas se faire choper!
Ah oui... mais, selon les statistiques, un conducteur se fait coincer par les flics, toutes les 3000 infractions! Ça fait réfléchir...
Toutes les 3000? ah ouais... t'as raison
Votre Peau
Faut pas hésiter!
??
TRiiiii
Je préfère me faire choper tout de suite... Comme ça, je serai tranquille pour un moment!
Et à moi les petites départementales à fond la caisse!!
Puf
Puf
Puf
CC 822

J'our m'selle ! J'aurais souhaité avoir un ou deux renseignements...
Si c'est dans mes cordes...
Brad Pitt
Je me demandais, comme ça, ce qu'on risquait en conduisant avec son portable collé à l'oreille !
OK ! C'est dans mes cordes...
Dans ce cas précis, l'amende forfaitaire est de 35€ avec un retrait de 2 points sur votre permis !
Ah ouais ? Et si on met pas sa ceinture de sécurité ??
Là, ça vous coûtera 135€... et vous direz adieu à 3 points supplémentaires !
Hé bé...
Et c'est le même tarif si vous franchissez une ligne continue !
Et les excès de vitesse, vous avez ?
Bien sûr !... Pour plus de 50 km/h au-dessus de la limitation, vous en avez pour 1500€ et une ponction de 4 points !
WAOW !
Délit de fuite 30000€ !
Le Code
Bien... Merci mademoiselle...
Vous ne voulez pas remplir un formulaire d'inscription ???
Code
Ah mais... J'ai déjà mon permis...
Je voulais juste savoir si j'avais assez d'argent et de points pour descendre sur la Côte d'Azur !...
Permis express
Version PC
CD Rom
Le code
P.L.
CC & ZZ

Han!
Gnmnnnn
HARR
HAR
RRRRRR
Bon...
Mffffff
Alors, ce créneau
Auto École
Ça vient... ça vient...

RATCL
Le DINDON
Vélos
Tri Sélectif
Pelouse interdite
A- Je fonce
C- Je pile
Alors, patron… toujours pas récupéré votre permis?
Et moi, je dis que ça peut arriver à tout le monde, de griller un stop!!
Même sous le nez des flics…
CC & aa

Mini-Parc AUTO
Vous avez vu mon p'tit Théo, comme il sait bien doubler ?...
Et mon Pierrick... À croire que c'est lui qui a inventé la priorité à droite !
Lui, c'est sûr qu'il fera un meilleur conducteur que son père !...
Mon Pierrick...
Regardez ma petite Céline qui fait un créneau...
Adorable
Ben, celui-là, par contre, il n'a pas l'air très doué
Ouais !... C'est le vôtre ?
Clonk clonk
Ça va pas non ?
Aïe ! Le poteau !
BOUM !
Eh ben...
Ah bravo
C'est pas mon Théo qu'aurait fait ça...
Vraiment...
Futur danger public
Graine de chauffard !
Ni ma Céline !
Mais que font les parents ?!
Ah lala...
Incroyable !
Bon, je vous laisse
Nous aussi, on doit y aller...
Tu veux ruiner ma réputation ?
fils d'ingrat
C'est ça ?!
CC & @

Hello!
Prêtes pour notre leçon!
?
Vous... Votre...
Ben oui... Personne pour la garder... Vous pouvez installer son siège?
Et le gros sac?
C'est son change et son 4 heures! Mettez-le dans le coffre!
Ok! Ce sera tout? On peut y aller!
VROOM
Oh! Mais je suis truffe!!
PAF
Un rendez-vous hyper important pour mon boulot! Vous gardez Émilie? Je vous fais confiance!
Merci, merci... C'est très sympa!
Mais...
Mais...
Mais...
Finalement, t'as pu trouver une nounou?
Ouais... et je peux prendre tout mon temps, je paye au forfait!

RZZZZZZ
Houlà... Faut que je prenne l'air !
Coup de barre
Je reviens...
Fans rire... ve... v'étais perfuadé qu'on était dans le fimulateur !
Bobo
cc & aa

Heu...
Vachement bien fichu, cet appareil...
Il simule même les constats à l'amiable !
Simula TOR
cc & aa

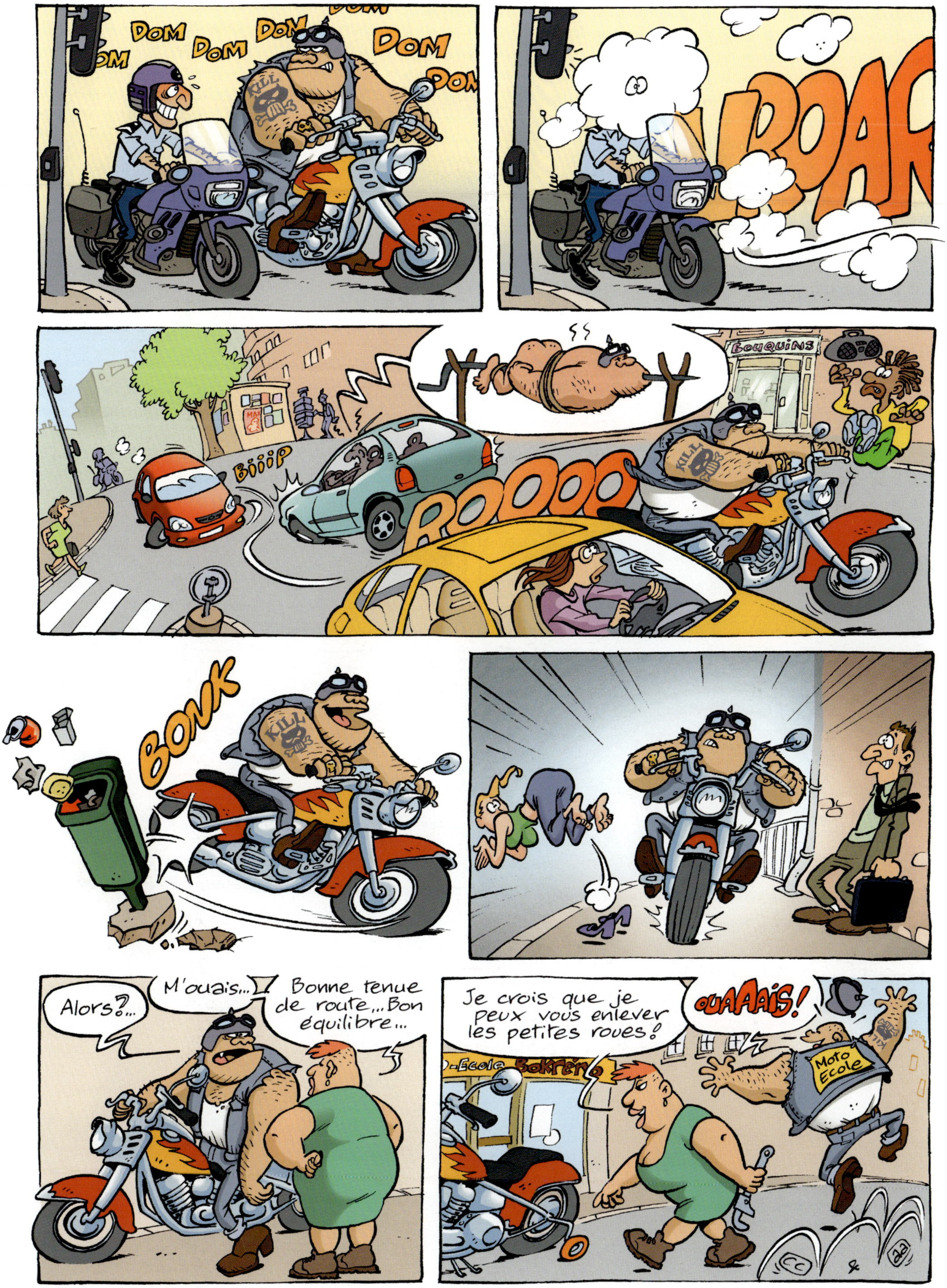
DOM DOM DOM DOM DOM DOM
ROAR
Bouquins
Biiip
ROOOOO
BONK
Alors?..
M'ouais...
Bonne tenue de route... Bon équilibre...
Je crois que je peux vous enlever les petites roues!
OUAAAIS!
Moto Ecole

Vous voyez, j'ai mon permis... Mais je n'ai plus tenu un volant depuis des années !
Et c'est peu dire
C'est mon mari qui conduit... mais de plus en plus mal !
J'ai vraiment la trouille de monter en voiture avec lui...
À ce point ?
Je vous assure... Je me sentirais plus en sécurité si c'était moi qui tenais les commandes !
c'est dire
OK ! On va commencer les leçons tout de suite.
Audrey, passe-moi les clés de la Clio blanche...
C'est parti
Euh... on pourrait pas plutôt prendre la Fiesta bleue ?
Si possible
La blanche ira très bien !! Les clients ne vont pas se mettre à choisir non plus !!
Mais...
Mon mari...
TOUS PERMIS
-25% sur les REMISES À NIVEAU
Bon... Je vais chercher les clés de la bleue...
Snif
Parking réservé à l'auto-école
Auto École

Auto-Ecole Bokrétos
NUL !
R TABAC
Je conduis !
J'ai jamais vu des tests de remise à niveau aussi mauvais !!!
Un désastre !
Je vous rappelle qu'il faut au minimum 35 bonnes réponses sur 40 pour obtenir son code !!
Et je dis bien : au minimum !
Or, là, le meilleur a donné 12 réponses exactes !
12 !
Pas une de plus...
Un vrai génie, ç'ui-là !
Mais que vont dire vos supérieurs ?!?
Clac clac clac

Vous ne pouvez pas toujours rouler en première, vous savez? Même si ça vous rassure...
Patate!
T'avances hé?!
PWOooo
Tûût
Tûûût
Pwiit
Vous allez passer la seconde?!
Maintenant
Passez la seconde!!!
Voi-lààà...
Et maintenant, la troisième!! Allez-y!
VOOOOFF
Bien... La quatrième dans la foulée...
Hop!
Et, pour finir, la cinquième!. Vous allez y arriver...
Cool!
Formidable!
Vous voyez... C'était pas si terrible!
Prenez l'avion
Maintenant, ce serait bien d'accélérer en même temps...
Puf
Puf
Puf
Brout
Brout
Brout
klonk
klonk
CC & AA

CoDe
Tu vas voir comment il conduit... Un vrai nullard !!
Une caricature...
Un cas social !
Il a pris une centaine de leçons et il est toujours aussi mauvais !
HOU HOU HOU
Il... il démarre...
Faut se mettre à l'abri ??
VROM VROM
?
Il s'en tire plutôt bien, dis donc ?!...
?!?
Il est même excellent !
Ben, là, je... je comprends pas...
Auto-Ecole
VROOP
Il conduit comme UN DIEU !!
Y'a pas un super choix de musique dans cette bagnole !
Aaaah... Au fond de la boîte à gants... Y'a encore des CD !
Auto-Ecole
CD 69
CC & aa

12

Mme Kloutz... Vous venez pour vous réinscrire?! encore?!
Pourquoi?! après 12 tentatives, on n'a plus le droit?!?
Auto-Ecole
Le Permis Moto facile
Si si, mais... disons, peut-être, après tout, que vous n'êtes pas faite pour conduire une voiture...
Si ça se trouve
Des fois que...
Avez-vous songé aux nombreux avantages offerts par les transports en commun
Comme le bus, par exemple... Vous pouvez le prendre à n'importe quelle heure de la journée!
38
Ecole
Pas de soucis de trouver une place où se garer... pas besoin de monnaie pour l'horodateur
Donc, pas de risques de PV
Et puis, vous voyez tout le temps du monde...
Ça monte, ça descend
Bobola
Vous avez raison!... J'abandonne! Il doit être écrit que je n'aurai jamais mon permis B...
Snif
Maintenant, je veux m'inscrire pour le permis Bus!
Un formulaire! ViTE!!!
TAP TAP TAP TAP
CC & aa

BNF
HOP!
TOUTES DIRECTIONS
Auto Ecole
Et zou!
Je fais des progrès, vous ne trouvez pas?
Ça fait bien 10 minutes que j'ai pas eu d'accrochage...
Pas mal, non?
NON!!
Auto Ecole
BLOZ dépan'vite
24/24
MAX

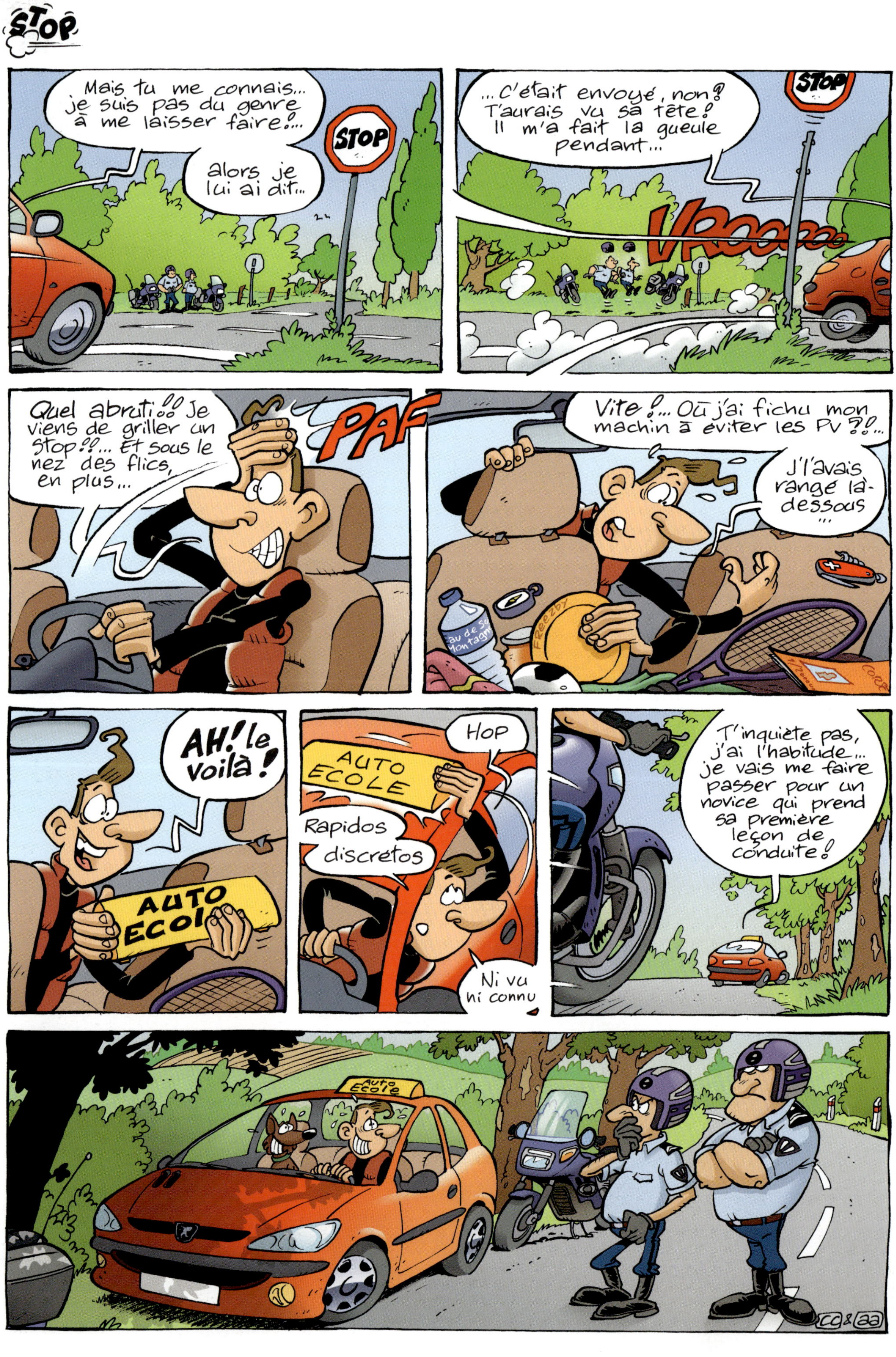
STOP
Mais tu me connais... je suis pas du genre à me laisser faire !...
alors je lui ai dit...
STOP
...C'était envoyé, non ? T'aurais vu sa tête ! Il m'a fait la gueule pendant...
STOP
VROOOOO
Quel abruti !! Je viens de griller un stop !!... Et sous le nez des flics, en plus...
PAF
Vite !... Où j'ai fichu mon machin à éviter les PV ?!...
J'l'avais rangé là-dessous ...
AH ! le voilà !
AUTO ECOL
Hop
AUTO ECOLE
Rapidos
discretos
Ni vu ni connu
T'inquiète pas, j'ai l'habitude... je vais me faire passer pour un novice qui prend sa première leçon de conduite !
AUTO ECOLE
CG & AA

Houlà attendez... Çuilà, je l'ai déjà vu...
Mmm Voyons...
J'en ai croisé un tout pareil y'a pas longtemps... bon, j'ai bien fait d'amener mon bouquin, là...
?
Ah, voilà... page 63... Ça veut dire que je circule sur une route prioritaire.
Paf
Le Code
Je m'en doutais, hein...
C'est reparti!
D37
Bezon 3km
Houlà...
Çuilà aussi, je l'ai déjà vu...
Tüüüüü
Biiiiiiip
tuut
Pwooo
Poêt
OSLO-ISTANBUL
Auto-Ecole
C'était à quelle page, déjà ?...
flip flip
NULOS
CC & aa

Très bien... Garez-vous devant l'auto-école...
BAR du B
Vous êtes en progrès...
Faut dire que j'ai un moniteur for-mi-da-ble!
Pfiouu
J'étais tellement concentrée que j'ai pris un coup de chaud!
Je suis toute couverte de chair de poule...
Tenez! Touchez donc...
Plus haut, c'est encore plus flagrant, vous ne trouvez pas!?
Auto école
GAZOU
Halte à la porno graphie
Et... à propos... mon permis... vous allez me le donner?
Caro mio
BONK
Vouvouvous savez... Je suis moniteur auto-école, pas examinateur!... Je n'ai aucun pouvoir d'attribution du permis!...
Cara mia
Vous pouviez pas le dire tout de suite?!!
OBSÉDÉ!!

TURBO
Minik
Prix Max
35000€
ESPA
ESPACE
L'affaire du Jour
TYPE
Racer Désign
Désign
TOP Occas'
Cataploc
Cataploc
Cataploc
Alors, Mme Kloutz... Vous avez quand même fini par l'avoir, ce permis?...
à force...
mm...
Les Occasions du Pigeon
PETITJEAN - FÈVRE S.A.
rédit 360 mois
La voitur
de Luxe
à la port
de tous
Prot Prot
Prot
Prot
CC & aa

Ouais... J'ai deux heures de conduite moto, ce matin
Avec "Godzilla" Roberta? Aïe!
À croire qu'elle est payée pour faire passer le goût de la moto!?! En tout cas, sur moi, ça a marché!
J'me suis inscrit pour le permis BSR...
cyclo!
Non seulement elle est aussi sexy qu'une bouteille de gaz, mais, en plus, elle t'atomise les tympans!
Une plaie...
Ouais, ben moi, mon vieux, j'ai trouvé la parade, moi!
imparable
Dès que j'arrive en vue d'un carrefour, je m'arrange pour passer à l'orange... Et paf!?... Elle, elle se tape le feu rouge!!
Et là, c'est l'éclate totale! Je taille comme un malade à fond les manettes!
Oui, ben...
Je crois que t'as intérêt à trouver une autre parade imparable
Auto-École Bokré
Le Permis Moto facile
Auto École
KEBAB
XT
cc & aa

Bokréno
Tous Permis Auto Moto Dodo
Wah! Comment qu'ça déchire sa race!
Totale éclate!!
Aah... Audrey...
Le patron a trouvé le moyen de booster les inscriptions ? C'est ça ??
Les inscriptions, non!...
La trésorerie, sans aucun doute!
Délire!
Plus killer que Barjorally!
Dingue
Cool
He He
Je kiffe
Tip Tip
2€
Simula TOR
2€ la Partie
cc & aa

Passez la première et relachez doucement l'embrayage, monsieur le Vicomte...
OK
Maxime, passez donc la première et relâchez doucement l'embrayage je vous prie!
Bien Monsieur
aa & cc 13

À découvrir aux éditions BAMBOO

LES PROFS - 6 tomes parus

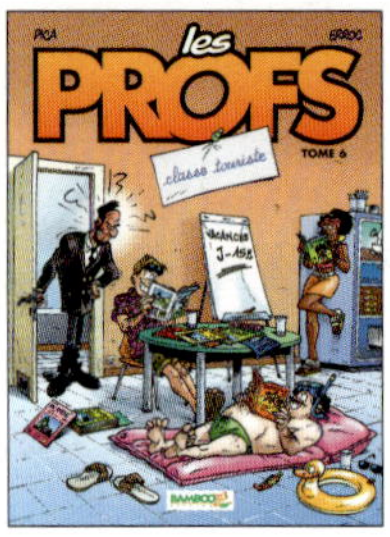

1 - INTERRO SURPRISE
2 - LOTO ET COLLES
3 - TOHU-BAHUT
4 - RENTRÉE DES ARTISTES
5 - CHUTE DES COURS
6 - CLASSE TOURISTE

Pica & Erroc

8,99 €

LES GENDARMES - 7 tomes parus

1 - FLAGRANT DÉLIRE !
2 - PROCÈS VERT PÂLE !
3 - RADAR-DARE
4 - AMENDE HONORABLE !
5 - SOURIEZ, VOUS ÊTES FLASHÉS
6 - UN P.V. DANS LA MARE !
7 - COFFRÉ SURPRISE !

Jenfèvre, Sulpice & Cazenove

8,99 €

LES POMPIERS - 2 tomes parus

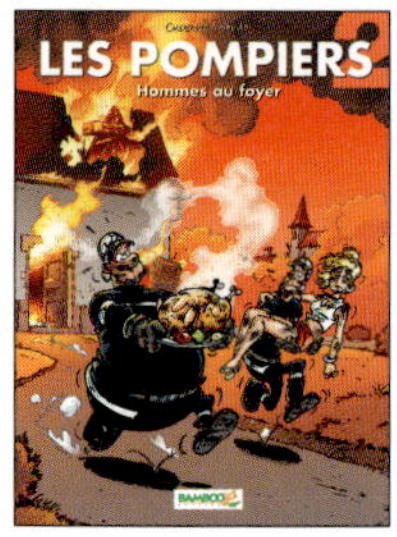

Tome 1 :
DES GARS DES EAUX
Tome 2 :
HOMMES AU FOYER

Stédo
Cazenove

8,99 €

LES FONCTIONNAIRES - 5 tomes

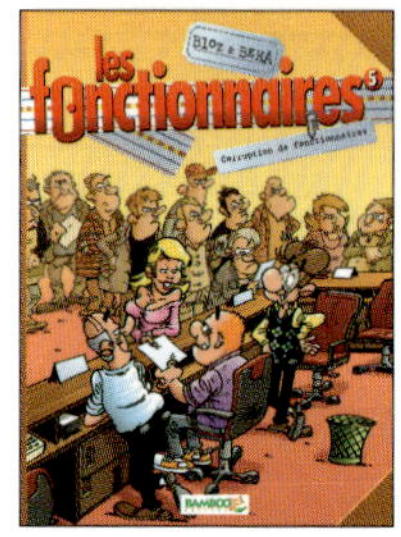

1 - MÉTRO, DODO, DODO...
2 - RÉDUCTION DU TEMPS DE TRAVAIL
3 - TRAVAIL À LA CHAÎNE...
4 - GRÈVE SANS PRÉAVIS
5 - CORRUPTION DE FONCTIONNAIRES

Bloz & Béka

8,99 €

LES TOUBIBS - 2 tomes parus

Tome 1 :
C'EST GRAVE, DOCTEUR ?
Tome 2 :
AU SUIVANT !

Bélom
Sirvent

8,99 €

LES MUSICOS

Tome 1

Janvier
Jenfèvre
Erroc

8,99 €

LES COMMERCIAUX

Tome 1 :
FARCE DE VENTE

Goulet
Plumeri
Boitelle

8,99 €

LES 1000 PATTES

TRANSPORTS EN TOUT GENRE

Jenfèvre
Sulpice
Cazenove

8,99 €

ON THE ROCK

HISTOIRES DE VTT

Jenfèvre
Sulpice

8,99 €

LES BABYFOOTS

LES BABY-FOOTS

Bouchard
Pica

8,99 €

LES FOOT MANIACS - 2 tomes

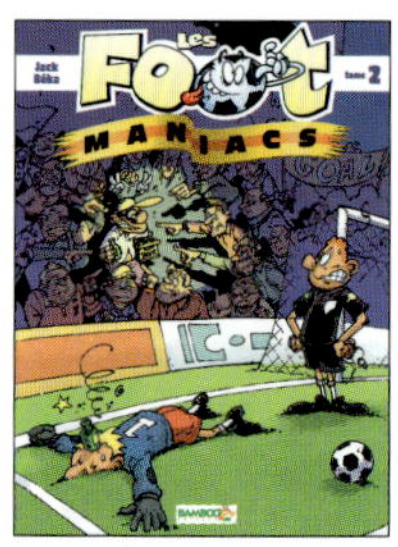

Tome 1
Tome 2

Jenfèvre
Sulpice
Jack
Béka

8,99 €

LES DAMNÉS DE LA ROUTE - 4 tomes

1 - ON ACHÈVE BIEN LES 2 CV
2 - L'HOMME QUI MURMURAIT À L'OREILLE DES 2 CV
3 - LES 2 CV SE CACHENT POUR MOURIR
4 - VOL AU DESSUS D'UN NID DE 2 CV

Achdé
Richez

8,99 €

RAOUL ET FERNAND - 2 tomes

Tome 1 :
LA FUREUR DE VIVRE !
Tome 2 :
LE FRIGO DE L'ANGOISSE

Erroc

8,99 €

LES FOURMIDABLES - 2 tomes

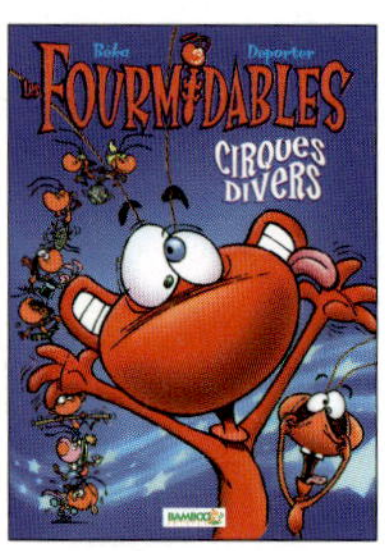

Tome 1 :
DES FOURMIS DANS LES JAMBES
Tome 2 :
CIRQUES DIVERS

Béka
Deporter

8,99 €

LES RIPOUPONS - 3 tomes parus

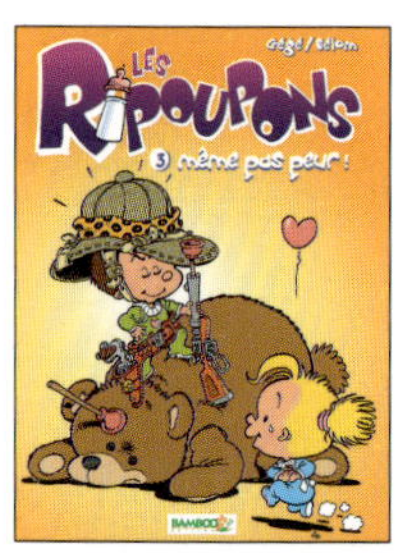

Tome 1 :
TOUCHE PAS À MON DOUDOU
Tome 2 :
ON REMET UNE COUCHE !
Tome 3 :
MÊME PAS PEUR !

Gégé & Bélom

8,99 €

LES PRÉDICTIONS DE NOSTRA

Tome 1 :
L'AS DES ASTRES
Tome 2 :
SIGNES DÉSAS-TROLOGIQUES
Tome 3 :
NOSTRA PERD LA BOULE

Amouriq
Cazenove
Lunven

8,99 €

HERCULE - 2 tomes parus

Tome 1 :
BAZAR DE GRUMLOT !
Tome 2 :
RAS L'KEPI !

Yannick

8,99 €

ZONE 51

Tome 1 :
ROSWELL ATTITUDE

Cazenove
Wozniak

9,45 €

LES BRUMES DU MIROBOLAND

Tome 1 :
L'ELIXIR DE SILYCONN
Tome 2 :
LE SECRET DE FÈNWIK

Escaich
Mermin

9,45 €

BRUCE KID

Tome 1 :
L'INITIATION

Jenfèvre
Sulpice

9,45 €

2t